BEI GRIN MACHT SICH IHR WISSEN BEZAHLT

AF136201

- Wir veröffentlichen Ihre Hausarbeit,
  Bachelor- und Masterarbeit

- Ihr eigenes eBook und Buch -
  weltweit in allen wichtigen Shops

- Verdienen Sie an jedem Verkauf

Jetzt bei www.GRIN.com hochladen
und kostenlos publizieren

Krafttraining nach der ILB-Methode

GRIN ☺

Bibliografische Information der Deutschen Nationalbibliothek:

Die Deutsche Nationalbibliothek verzeichnet diese Publikation in der Deutschen Nationalbibliografie; detaillierte bibliografische Daten sind im Internet über http://dnb.d-nb.de abrufbar.

ISBN: 9783346546401
Dieses Buch ist auch als E-Book erhältlich.

© GRIN Publishing GmbH
Nymphenburger Straße 86
80636 München

Druck und Bindung: Books on Demand GmbH, Norderstedt Germany
Gedruckt auf säurefreiem Papier aus verantwortungsvollen Quellen

Das vorliegende Werk wurde sorgfältig erarbeitet. Dennoch übernehmen Autoren und Verlag für die Richtigkeit von Angaben, Hinweisen, Links und Ratschlägen sowie eventuelle Druckfehler keine Haftung.

Das Buch bei GRIN: https://www.grin.com/document/1151598

Einsendeaufgabe

Fachmodul: Trainingslehre 1

Studiengang: Gesundheitsmanagement

Datum
Präsenzphase: 05.07.21-08.07.21

Semester: **2. Semester**

Inhaltsverzeichnis

1   Diagnose

Die Diagnose ist ein wichtiger Bestandteil der Trainingsplanung und wird zu Beginn des Trainings durchgeführt. Diese beinhaltet ein Eingangsgespräch und eine Bioimpedanzanalyse zur Bestimmung der Körperzusammensetzung (SECA-Waage). Am Anfang werden die allgemeinen Daten (Alter, Geschlecht, Körpergewicht etc.) und die biometrischen Daten (Blutdruck, Körperfettanteil etc.) ausgewertet. Dadurch werden die Leistungsfähigkeit und der Gesundheitszustand des Kunden ersichtlich. Bei der Körperzusammensetzung werden unter anderem die Muskelverteilung, Muskelmasse und die Fettmasse bestimmt. Des Weiteren werden die Trainingsmotive formuliert und die sportliche Vorgeschichte erfasst. Außerdem werden bekannte Risikofaktoren, Krankheiten und gesundheitliche Einschränkungen abgefragt. Alle Daten werden in den nachfolgenden Tabellen aufgezeigt.

1.1   Allgemeine und biometrische Daten

1.1.1   Allgemeine Daten

Tabelle 1: Allgemeine Daten

Allgemeine Daten	
Alter:	22 Jahre
Geschlecht:	weiblich
Körpergröße:	172 cm
Körpergewicht:	63,5 kg
Trainingsmotive:	- Körper formen und definieren - Aufbau von Muskelmasse - Steigerung des Kraftniveaus
Berufliche Tätigkeit:	Studentin Gesundheitsmanagemnt
Aktuelle sportliche Aktivität:	Home Workouts (Ganzkörpertraining) und Joggen gehen
Leistungsstufe:	Fortgeschritten

Trainingsumfang:	3x die Woche Homeworkout mit und ohne Gewicht (je 30-40 Minuten) 1 x die Woche 3km Joggen (20 Minuten)
Frühere sportliche Aktivität:	Leistungsturnen (fast 15 Jahre) Leichtathletik (1 Jahr) Krafttraining Fitnessstudio (10 Monate)
Leistungsstufe:	Leistungssportlerin
Trainingsumfang:	4-5x die Woche Leistungsturnen (je 1,5 Stunden) 2 x die Woche Leichtathletik (je 1 Stunde) 3 x die Woche Krafttraining Ganzkörper
Zeitlicher Verfügungsrahmen:	3 Trainingseinheiten in der Woche (je 1-1,5 Stunden pro Einheit)

1.1.2 Biometrische Daten

Tabelle 2: Biometrische Daten

Biometrische Daten:	
Blutdruck:	118/78 Norm: 120/ 80 Bewertung: optimal
Allgemeiner Gesundheitszustand:	Sehr gut - Es liegen keine gesundheitlichen Einschränkungen vor
Orthopädische und internistische Probleme	keine
Ärztliche Behandlung:	keine
Einnahme von Medikamenten:	kcinc
Body-Mass-Index	21,5
Körperfettanteil:	16 kg
Fettverteilung:	Viszerales Fett: 0 kg Relation zwischen fettfreier Masse und Fettmasse im Normalgewicht (nach SECA Normwerten)
Muskelverteilung:	sehr gut
Muskelmasse:	22 kg
Gesamtanteil Flüssigkeit	34,8 kg

4

Die Daten des Eingangsgespräches zeigen, dass keine gesundheitlichen Einschränkungen vorliegen. Daher kann das Training problemlos durchgeführt werden. Der allgemeine Gesundheitszustand und die allgemeine Befindlichkeit der Person sind sehr gut. Der Blutdruck liegt bei 118/78 mmHg und liegt damit im optimalen Bereich der Normotonie (siehe Abb.1). Ebenso liegt der Body-Mass-Index (BMI) von 21,5 laut BMI- Klassifikation der Weltgesundheitsorganisation (WHO) im Normgewicht (18,5 BMI – 24,9 BMI).

Abbildung 1: Blutdruckklassifikation der American Heart Association (modifiziert nach Mancia et al., 2013,S. 1286)

Bewertungsstufen	Systolischer Blutdruck	Diastolischer Blutdruck
	Normblutdruck (Normotonie)	
optimal	unter 120 mmHg	unter 80 mmHg
normal	unter 130 mmHg	unter 85 mmHg
hochnormal	130-139 mmHg	85-89 mmHg
	Bluthochdruck (arterielle Hypertonie)	
Stufe 1	140-159 mmHg	90-99 mmHg
Stufe 2	160-179 mmHg	100-109 mmHg
Stufe 3	> 180 mmHg	>110 mmHg

1.2 Krafttestung

1.2.1 Krafttest

Als Krafttest wurde der ILB-Test ausgewählt, dieser wird nach dem Ansatz der „individuelle-Leistungsbild-Methode" (kurz: ILB-Methode) durchgeführt. Der ILB-Test kann von Trainierenden auf allen Leistungsstufen ausgeführt werden (Strack & Eifler, 2005, S. 160). Außerdem ist der ILB-Test durch die progressive Belastungssteigerung auf allen Trainingsstufen anwendbar. Die Testperson hat 10 Monate Krafttraining ausgeübt, aus dem Grund wurde die Leistungsstufe „Geübte" ausgewählt. Aufgrund des sehr guten Leistungszustandes und Gesundheitszustandes der Testperson kann der ILB-Test problemlos durchgeführt werden. Durch den ILB-Test besteht ein geringeres Verletzungsrisiko, da die Intensität auf den Trainierenden abgestimmt wird. Aus dem Grund ist der Test sehr gelenkschonend. Die Belastungsintensität für die geübte Trainingsperson wurde laut Leistungsstufe auf 60-80 % festgelegt. Da die Testperson schon Krafttrainingserfahrungen mitbringt, ist die Orientierungsphase schon abgeschlossen und es kann vor Testbeging mit dem Aufwärmen begonnen werden. Zuerst folgen ein allgemeines Aufwärmen und danach ein spezielles Aufwärmprogramm. Danach kann mit dem ILB-Test begonnen werden. „Der Kerngedanke des ILB-Tests besteht darin, das maximale Gewicht für diejenige Wiederholungszahl auszutesten, mit der im folgenden Zyklus trainiert werden soll" (Strack & Eifler, 2005, S.154; zitiert nach Eifler, 2013, S.73). Ein wichtiger Aspekt dabei ist, dass bei jedem Mesozyklus ein neuer ILB-Test erforderlich ist. Zuerst wird der ILB-Test mit den Übungen aus dem ersten Mesozyklus getestet. Der erste Testdurchlauf wird mit 20 Wiederholungen und in 2 Sätzen durchgeführt. Wenn das Gewicht im ersten Testsatz mit den geforderten 20 Wiederholungen absolviert werden konnte, wurde das Gewicht im zweiten Testdurchlauf um 5 kg erhöht. Falls das Gewicht im ersten Testdurchlauf zu hoch gewählt wurde, wurde das Gewicht um 5 kg verringert. Das ILB-Max konnte erreicht werden, wenn die letzte Bewegung der 20 Wiederholungen technisch korrekt ausgeführt werden konnte.

Tabelle 3: Ergebnisse des ILB-Tests

Übungen	WH	1. Test-satz (kg)	2. Testsatz (kg)	ILB-Max (kg)
Ausfallschritte mit Langhantel	20	LH (10 kg) + 5 kg	LH (10 kg) + 10 kg	20
Kniebeuge mit Langhantel vorne	20	LH (10 kg) + 5kg	LH (10 kg) + 10 kg	20
Kurzhantel-Curls im Untergriff	20	5	10	10
Triceps-Extension mit Kurzhantel	20	5	10	10
Schulterdrücken mit Kurzhanteln	20	10	15	15
Butterfly mit Handgriffen	20	10	15	15
Rudermaschine	20	15	20	20
Rumpfextensionsma-schine	20	15	20	20
Fortsetzung Tabelle 3				
Situp an der Schrägbank	20	20	25	25
Knieheben am Gerät	20	20	25	25

Zum Schluss werden nun die konkreten Schlussfolgerungen bzw. Konsequenzen für die weitere Trainingssteuerung und Trainingsplanung genannt.

Dabei gibt es drei Kernziele von Verfahren der Krafttestung:

Möglichkeit des interindividuellen Leistungsvergleichs:

Bei einem Mehrwiederholungstest wirken viele Einflussfaktoren bzw. Störgrößen ein, so dass keine Referenz – bzw. Normwerte zur Vergleichbarkeit des Maximalkraftniveaus existieren (Eifler, 2020, S. 151).

Möglichkeit des intraindividuellen Leistungsvergleichs:

Der Mehrwiederholungstest kann für den intraindividuellen Leistungsvergleich genutzt werden, Voraussetzungen dafür sind, die konsequente und exakte Standardisierung der Testrahmenbedingungen, des Testablaufs und der Testmethodik (Eifler, 2020, S. 151).

Möglichkeit der Ableitung von Trainingsintensitäten:

Durch das Grobraster zur Trainingsplanung nach der ILB-Methode (Abbildung 5) kann je nach Leistungsstufe die Trainingsintensität verändert werden. Dies hat den Vorteil, dass dadurch neue Trainingsreize gesetzt werden können.

Abbildung 2: Grobraster zur Trainingsplanung nach der ILB-Methode (modifiziert nach Strack & Eifler, 2005, S. 153)

Leistungsstufe	Zeit-stufe (Mo-nate)	Orga.-form	Einheiten /Woche	Übungen/ Muskel	Sätze/ Übung	Inten-sität in % nach ILB
Orientierungs-stufe	0-1,5	GK	2	1-2	1-2	Gering
Beginner	1,5-6	GK	2	1-2	1-2	50-70
Geübter	6-12	GK	2-3	1-2	2	60-80
Fortgeschritten	>12	GK/Split	3-4	1-3	2-3	70-90
Leistungstrai-nierender	>36	GK/Split	3-6	1-4	2-4	80-100

2 Zielsetzung

In der Eingangsanamnese wurden die Trainingsmotive definiert, die Kundin möchte ihren Körper definieren, mehr Muskeln aufbauen und somit ihre Kraft steigern.

Der Muskelaufbau spielt eine große Rolle bei der Körperdefinierung, daher wird bei der SECA-Waage auf den relativen Muskelmassenanteil geachtet. Dieser sollte sich in den nächsten 6 Monaten deutlich erhöhen, zudem sollte sich der relative Körperfettanteil ver-ringern. In dem Zusammenhang kann auch die Kraftsteigerung erfolgen.

Diese Beobachtungen können sehr gut mit der Körperzusammensetzungsanalyse der SECA-Waage analysiert werden, dadurch ist diese auch fester Bestandteil der Eingangsanamnese. Die Kundin hat keine gesundheitlichen Einschränkungen und hat jahrelang Leistungssport betrieben, daher ist sie körperlich fit und belastbar.

Auch der BMI hat gezeigt, dass sie sich im Normalgewicht befindet, daher werden nur Feinziele definiert. Der Sport hat für die Kundin eine große Bedeutung, daher ist es ihr sehr wichtig, in Form zu bleiben. Sie möchte weiterhin leistungsstark, fit und gesund sein. Daher möchte sie 3x in der Woche trainieren, um an ihren Zielen zu arbeiten.

Tabelle 4: Zieldarstellung

	Inhalt	Ausmaß	Zeit
Ziel 1	Körperdefinierung	3 cm Bauchumfang verlieren	In 3 Monaten
Ziel 2	Muskelaufbau	3 kg Muskelmasse aufbauen	In 6 Monaten
Ziel 3	Kraftsteigerung	15 % Kraftsteigerung	In 6 Monaten

Begründung Ziel 1	Da sich die Testperson im Normalgewicht befindet, möchte die Kundin ihr Gewicht halten. Die Versuchsperson hat eine athletische und sportliche Figur. Aus dem Grund möchte die Kundin ihren Körper nur etwas mehr in Form bringen und vor allem die unteren Bauchmuskeln definieren. Dafür wird der Bauchumfang gemessen.
Begründung Ziel 2	Der Muskelaufbau ist für die Testperson sehr wichtig, da durch eine größere Muskelmasse der Körper definiert werden kann. Bei dem Zuwachs der Muskelmasse ist ein Wert von 5-8kg im ersten Trainingsjahr realistisch. Dieses Ziel kann erreicht werden, da in 6 Monaten nur 3 kg Muskelmasse aufgebaut werden sollen.
Begründung Ziel 3	Die Kundin möchte ihre Muskelkraft um 15 % steigern, dies gelingt ihr durch die Verbesserung der Maximalkraft. Ziel ist es, mehr Leistung erbringen können und somit stärker zu werden.

3 Trainingsplanung Makrozyklus

Tabelle 5: Makrozyklusplanung

Makrozyklusplanung				
Mesozyklus:	I	II	III	IV
Zyklusdauer	6 Wochen	8 Wochen	8 Wochen	6 Wochen
Spezifisches Trainingsziel	Kraftausdauertraining	Muskelaufbautraining	Muskelaufbautraining	Maximalkraft-training
Anzahl der Trainingseinheiten pro Woche	3	3	3	3
Organisationsform	GK	GK	GK	GK
Anzahl der Übungen pro Muskelgruppe	1-2	1-2	1-2	1-2
Anzahl der Sätze pro Übung	2	2	2	2
Satzpausen	60 Sek.	60 Sek.	60 Sek.	90 Sek.
Wiederholungszahlen	20	12	8	5
Intensitäten	60-80% ILB	60-80% ILB	60-80% ILB	60-80% ILB
Bewegungstempo	langsam bis zügig	langsam bis zügig	langsam bis zügig	langsam bis zügig

Begründung der Makrozyklusdarstellung:

Die Makrozyklusplanung wurde nach dem deduktiven Ansatz der Individuellen-Leistungsbild-Methode (ILB-Methode) aufgebaut. Da die Intensitätssteigerung abhängig von den Leistungsstufen gewählt wird, eignet sich diese Methode sowohl für Anfänger, Fortgeschrittene, als auch für Geübte (Strack & Eifler, 2005, S. 160). Da die Testperson 10-monatige Erfahrungen im Krafttraining mitbringt, kann die Versuchsperson als „Geübte" eingestuft werden. Die Versuchsperson hat keinerlei gesundheitlichen Einschränkungen, somit sind die Leistungsvoraussetzungen erfüllt. Aus dem Grund kann die Testperson nach dem abgeschlossenen ILB-Test mit dem Makrozyklus anfangen. Dabei wird das Training mit einer Intensität von 60-80 % vom ILB-Max. gestartet. Der erste Mesozyklus sieht ein Kraftausdauertraining mit 20 Wiederholungen vor. Im zweiten und dritten Mesozyklus wird der Fokus auf den Muskelaufbau gelegt, da dies ein Bestandteil der Zielformulierung ist. Dabei wird der Fokus auf das intensitätsorientierte Krafttraining gelegt. Das hat zur Folge, dass im zweiten Mesozyklus ein extensives Muskelaufbautraining mit 12 Wiederholungen und im dritten Mesozyklus ein intensives Muskelaufbautraining mit 8 Wiederholungen durchgeführt wird. Zum Schluss folgt der letzte Mesozyklus, dieser beinhaltet das Maximalkrafttraining mit 5 Wiederholungen.

Aufgrund des zeitlichen Verfügungsrahmens, wurden 3 Trainingseinheiten pro Woche als Belastungshäufigkeit festgelegt. Da die Versuchsperson für die Leistungsstufe „Geübte" eingestuft ist, sind 2-3 Einheiten pro Woche vorgesehen.

In der Metaanalyse von Fröhlich und Schmidtbleicher (2008) wurde festgehalten, „dass die Effektstärken bei allen Trainingsmethoden (Kraftausdauer-, Hypertrophie- und Intramuskuläres Koordinationstraining, kurz: IK-Training) bei drei Trainingseinheiten höher sind als bei zwei Trainingseinheiten".

Ein weiterer Vorteil bei 3 Trainingseinheiten pro Woche ist, dass die optimale Relation zwischen Belastung und Erholung garantiert werden kann, da eine Regenerationszeit von 24-48 Stunden nach den Trainingseinheiten folgen kann. Laut Friedmann ist die Proteinsynthese 48 Stunden gesteigert nach dem Training. (2007, S. 14). In allen vier Mesozyklen sind 1-2 Übungen pro Muskelgruppe vorgesehen. Es wurden Übungen ausgewählt, die die großen Muskelgruppen beanspruchen, um ein ganzheitliches Training auszuführen.

Zusätzlich wurde das Ganzkörpertraining als Organisationsform gewählt, um alle Hauptmuskelgruppen in einer Trainingseinheit zu trainieren. Somit kann die Zunahme der Muskelmasse am gesamten Körper gleichmäßig erfolgen. Außerdem wurde die klassische Periodisierung gewählt, da eine progressive Intensitätssteigerung erfolgen soll, gleichzeitig werden dabei die Wiederholungszahlen reduziert.

Die klassische Periodisierung wird auch als lineare bzw. Blockperiodisierung bezeichnet (Fröhlich, Müller, Schmidtbleicher & Emrich, 2009; Kraemer & Fleck, 2007).

4 Trainingsplanung Mesozyklus

Tabelle 6: Mesozyklusplanung

Zyklusdauer:	6 Wochen				
Spezifisches Trainingsziel:	Kraftausdauertraining				
Trainingseinheiten pro Woche:	3x die Woche				
Organisationsform:	GK				
Übungen pro Muskelgruppe	2				
Übungen	Sätze pro Übung	Satzpausen	Wiederholungszahl	Intensität in % ILB	Bewegungstempo
Ausfallschritte mit Langhantel	2	60 Sek.	20	60-80%	zügig, kontrolliert, dynamisch
Kniebeuge mit Langhantel vorne	2	60 Sek.	20	60-80%	zügig, kontrolliert, dynamisch
Kurzhantel-Curls im Untergriff	2	60 Sek.	20	60-80%	zügig, kontrolliert, dynamisch
Triceps-Extension mit Kurzhantel	2	60 Sek.	20	60-80%	zügig, kontrolliert, dynamisch
Schulterdrücken mit Kurzhanteln	2	60 Sek.	20	60-80%	zügig, kontrolliert, dynamisch
Bankdrücken mit Kurzhanteln	2	60 Sek.	20	60-80%	zügig, kontrolliert, dynamisch
Langhantel Rudern	2	60 Sek.	20	60-80%	zügig, kontrolliert, dynamisch

Rumpfex- tensionsma- schine	2	60 Sek.	20	60-80%	zügig, kontrolliert, dynamisch
Situp an der Schrägbank	2	60 Sek.	20	60-80%	zügig, kontrolliert, dynamisch
Knieheben am Gerät	2	60 Sek.	20	60-80%	zügig, kontrolliert, dynamisch

Begründung der Mesozyklusplanung:

Ein Mesozyklus ist ein aus mehreren Mikrozyklus bestehender Trainingsabschnitt, der in seiner inhaltlichen, didaktisch-methodischen und belastungsmäßigen Grundstruktur und damit in seiner Hauptwirkungsrichtung im Trainingsprozess wiederkehrt und dem veränderten Leistungszustand der Sportler entspricht (Schnabel et al., 1997, S.230).

Der erste Mesozyklus ist auf eine Dauer von 6 Wochen festgelegt.

Da die Testperson schon Erfahrungen im Krafttraining mitbringt, wurden anspruchsvollere Trainingsübungen ausgewählt. Daher liegt der Schwerpunkt auf mehrgelenkige Übungen. Die komplexeren Übungen haben den Vorteil, dass die intermuskuläre Koordination verbessert wird. Dies hat zur Folge, dass die Kraft durch die Verbesserung der intermuskulären Koordination gesteigert werden kann (Moritani, 1994, S. 267-268). Bei der Übungsauswahl wurde auf den Aspekt der Komplexität geachtet, das heißt es wurden mehrgelenkige Übungen vor eingelenkigen Übungen trainiert, damit wird die Übermüdung der Synergisten vermieden. (Bompa & Carrera, 2005, S. 69),

Um das Training anspruchsvoller zu gestalten, wurde der Schwerpunkt auf Freihantelübungen gelegt. Dadurch wird die Eigenstabilisation gefordert. Nach den koordinativ anspruchsvolleren Freihantelübungen folgen die koordinativ leichteren Maschinenübungen, um ein isoliertes Training der Muskelgruppen zu ermöglichen. Des Weiteren wurden zu Beginn Freihantelübungen ausgewählt, da die Konzentration am Anfang des Trainings am größten ist. Erst danach folgen die Übungen an Geräten, da die Leistungsfähigkeit zum Ende hin abnimmt. Im ersten Mesozyklus wurden Übungen ausgewählt, die alle großen Muskelgruppen beanspruchen. Aus dem Grund wird ein ganzheitliches Training durchgeführt. Die Übungen werden in einem langsamen und gleichmäßigen Tempo ausgeführt. Zuerst werden Ausfallschritten mit der Langhantel absolviert, diese Übung wurde gewählt, da damit vor allem der große Gesäßmuskel aufgebaut werden kann. Außerdem werden der vierköpfige und zweiköpfige Oberschenkelmuskel trainiert. Zudem wird beinahe das gesamte Körpergewicht auf das vorn gestellte Bein verlagert, sodass das Gleichgewicht und auch die Koordination gefordert werden.

Eine weitere Übung zur Kräftigung der Knie- und Hüftgelenkstrecker ist die Kniebeuge, bei der die Langhantel vorne gehalten wird. Diese Übung trainiert nicht nur den großen Gesäßmuskel, vierköpfigen Oberschenkelmuskel, zweiköpfigen Oberschenkelmuskel, sondern auch die autochthone Rückenmuskulatur. Aufgrund der Beanspruchung verschiedener Muskeln, wird beinahe der gesamte Körper trainiert, sodass der Sauerstoff- und Energiebedarf des Körpers hochfährt. Dies hat zur Folge, dass langfristig gesehen die Muskelmasse und damit auch die Kraftausdauer erhöht werden kann.

Danach folgen Übungen für den Oberkörper, dazu werden Bizepscurls mit Kurzhanteln im Untergriff ausgeführt. Diese stärken die Muskeln M. biceps brachii, M. brachiali und M. brachioradialis. Außerdem werden die Triceps- Extension mit Kurzhantel ausgeführt, damit wird die Durchblutung des gesamten Triceps gefördert.

Es folgt das Schulterdrücken mit Kurzhanteln, diese Übung kräftigt den oberen Anteil des Trapezmuskels, Schulterblattheber, Deltamuskel (mittlerer und vorderer Anteil), dreiköpfiger Oberarmmuskel. Als nächste Übung im Mesozyklus folgt das Bankdrücken mit Kurzhanteln, diese trainiert den großen Brustmuskel, den vorderen Anteil des Deltamuskels und den dreiköpfigen Oberarmmuskel. Diese Übung ermöglicht einen schnellen Kraftaufbau der Brustmuskulatur. Danach wird die Rückenmuskulatur trainiert.

Die nächste Übung ist das Langhantel-Rudern mit vorgebeugtem Oberkörper, dabei werden der große und breite Rückenmuskel, Trapezmuskel, Deltamuskel, Oberarmmuskel und vor allem die autochthone Rückenmuskulatur beansprucht. Durch die Langhantel wird wieder die Koordination und auch der Gleichgewichtssinn geübt.

Eine weitere Übung für die Rückenmuskulatur ist die Rumpfextensionsmaschine, diese Übung stärkt die autochthone Rückenmuskulatur.

Zum Schluss folgen zwei Übungen für die Bauchmuskulatur, diese schließen das Ganzkörpertraining ab und wurden eingebaut, um die Bauchmuskulatur zu stärken und den Bauch zu definieren. Zuerst folgen Situps an der Schrägbank, diese eignen sich besonders gut bei vielen Wiederholungen. Dadurch wird die gesamte Bauchmuskulatur, Hüft-Lenden-Muskel, der Spanner der Oberschenkelbinde und der gerade Schenkelmuskel trainiert. Des Weiteren wird die Bauchmuskelatur intensiv gekräftigt durch das Knieheben am Gerät. Dort werden die Knie abwechselnd zu linken und rechten Seite gehoben, damit kann die schräge Bauchmuskulatur gestärkt werden.

5   Literaturrecherche

Die Literaturrecherche mit dem Thema Effekte des Krafttrainings bei Rückenbeschwerden („low back pain" bzw. „LWS-Syndrom") wurde mit folgenden Studien „Effekte maschinengestützten Krafttrainings in der Behandlung chronischen Rückenschmerzens" (Stephan A, Goebel S, Schmidtbleicher D., 2011) und der zweiten Studie „Krafttraining bei chronischen lumbalen Rückenschmerzen, Ergebnisse einer Längsschnittstudie" (Goebel S., Stephan A., Freiwald J, 2005) durchgeführt. Diese werden in den nachfolgenden Tabellen dargestellt.

5.1   „Effekte maschinengestützten Krafttrainings in der Behandlung chronischen Rückenschmerzens" (Stephan A, Goebel S, Schmidtbleicher D., 2011)

Tabelle 7: Studie 1 „Effekte maschinengestützten Krafttrainings in der Behandlung chronischen Rückenschmerzens" (Stephan A, Goebel S, Schmidtbleicher D., 2011)

Studie „Effekte maschinengestützten Krafttrainings in der Behandlung chronischen Rückenschmerzens" (Stephan A, Goebel S, Schmidtbleicher D., 20111)
Wer hat die Studie durchgeführt?
Stephan A. und Goebel S. aus der Abteilung Forschung und Entwicklung von Kieser Training AG. Und Schmidtbleicher D. vom Institut für Sportwissenschaften der Johann Wolfgang-Goethe-Universität in Frankfurt/ Main.
In welchem Jahr wurden die Studie publiziert?
Im Jahr 2011
Welche Forschungsfrage wurde untersucht?
Kann maschinengestütztes Krafttraining bei der Behandlung von chronischen Rückenschmerzen helfen?
Mit welchen Versuchspersonen wurden die Studien durchgeführt?

Mit 58 Personen wurde die Studie durchgeführt, diese Personen litten an Rückenschmerzen im frühen Chronifizierungsstadium 1 mit moderatem Schmerzniveau. Außerdem gab es eine Kontrollgruppe von 16 Personen.

Wie sah der Versuchsaufbau der Studien aus?

Die Versuchspersonen trainierten 6-mal monatlich für eine halbe Stunde ein maschi-
nengestütztes Krafttraining im Zeitraum von 6 Monaten.

Es wurden alle großen Muskelgruppen beansprucht. Dabei waren auch Übungen, die
die Rumpfmuskulatur kräftigen sollten. Ziel des Trainings war die Funktions- und
Strukturverbesserungen der Muskulatur, vor allem die des Rumpfes. Für die Rumpfmuskulatur wurde die Exercisemaschine zur Lumbalextension eingesetzt.

Danach wurden nach 3 und nach 6 Monaten schriftlichen Befragungen durchgeführt.
Diese sahen zwei Fragebögen vor, wodurch der Schmerz anhand einer Schmerzskala
gemessen werden konnte. Die verwendeten Schmerzskalen sind die Schmerzskala aus
der Medical Outcomes Study (MOS) und die Skala der Oswestry Disability Index (
ODI). Außerdem wurde die lumbale Extensionskraft der Versuchspersonen gemessen.

Welche relevanten Ergebnisse und Schlussfolgerungen lieferten die Studien?

Die Studie lieferte folgende Schlussfolgerung: 20 Trainingsteilnehmer waren schmerzfrei und aus der Kontrollgruppe waren 6 Personen schmerzfrei. Zudem konnte die mitt-
lere Schmerzstärke innerhalb 6 Monaten um 11,2 Punkte und in der Kontrollgruppe um
6,87 Punkte reduziert werden. Dies entspricht einer Reduktion der mittleren Schmerzstärke von 38 % in der Trainingsgruppe und 26% in der Kontrollgruppe.

Die Schmerzen konnten gemildert werden, da der Stoffwechsel durch das Krafttraining
aktiviert und normalisiert wird. Daraufhin wird die Schmerzwahrnehmung verändert,
da die Empfindlichkeit peripher als auch spinal herabgesetzt wird.

Außerdem werden die Gelenke durch das Krafttraining aktiv stabilisiert.

Des Weiteren konnte festgestellt werden, dass die lumbale Extensionskraft zugenom-
men hat. Dies konnte in den Extensionswinkeln 12 °, 24 °, 36 °, 58 °, 60 °, 72 ° aufgezeigt werden. Dies entspricht einem Wachstum der lumbalen Extensionskraft um
42,8%, 24,2%, 18,8% ,20,2% 15,2% und 19,7 %. In der Kontrollgruppe dagegen konnten keine Verbesserungen festgestellt werden.

5.2 „Krafttraining bei chronischen lumbalen Rückenschmerzen, Ergebnisse einer Längsschnittstudie" (Goebel S., Stephan A., Freiwald J, 2005)

Tabelle 8: Studie 2 „Krafttraining bei chronischen lumbalen Rückenschmerzen, Ergebnisse einer Längsschnittstudie" (Goebel S., Stephan A., Freiwald J, 2005)

Studie „Krafttraining bei chronischen lumbalen Rückenschmerzen, Ergebnisse einer Längsschnittstudie" (Goebel S., Stephan A., Freiwald J, 2005)
Wer hat die Studie durchgeführt?
Goebel S. und Stephan A. aus der Forschungsabteilung von Kieser Training (FAKT) und Freiwald J. von der Bergischen Universität Wuppertal.
In welchem Jahr wurden die Studie publiziert?
Im Jahr 2005
Welche Forschungsfrage wurde untersucht?
Es wurde unter anderem die Forschungsfrage untersucht, wie sich die Rückenschmerzen und auch das Gesundheitsbefinden durch verschiedene Behandlungen entwickeln. Außerdem wurde herausgearbeitet, wie es sich nach Abschluss der Behandlung, etwa 1 Jahr später entwickelt hat.
Mit welchen Versuchspersonen wurden die Studien durchgeführt?
Die multizentrische Studie wurde an 170 Standorten durchgeführt, dabei wurden sechs MKT-Praxen miteinbezogen. Es haben 102 Versuchsteilnehmer, mit chronischen Rückenschmerzen seit mindestens 6 Monaten, an der Studie teilgenommen.
Wie sah der Versuchsaufbau der Studien aus?
Die Studie wurde durchgeführt mit der Medizinischen Kräftigungstherapie (MKT), dort werden Übungen an der MedX-Lumbar-Extension Therapiemaschine absolviert. Ziel dabei ist es, die Lumbalextensoren bei chronischen Rückenschmerzen zu stärken. Dafür wurden zwölf Behandlungseinheiten angesetzt und mit Patientenfragebögen vor der MKT und nach 12 Monaten nach Ende der MKT festgehalten. Die Fragebögen enthielten Fragestellungen zum subjektiven Gesundheitsempfinden (SF-36 Fragebogen und zur Funktionskapazität des Rückens (Funktionsfragebogen

Hannover - Rückenschmerz-Version). Zudem wurden die Einschätzungen zum Rückenschmerz und der Arbeitsfähigkeit erfasst. Des Weiteren wurden die Angaben zu den Krankheitskosten ergänzt.

Welche relevanten Ergebnisse und Schlussfolgerungen lieferten die Studien?

Durch den SF-36 Fragebogen konnten positive Veränderungen bei den Aspekten der körperlichen Rollenfunktion, körperlichen Schmerzen, Vitalität und soziale Funktionsfähigkeit in der MKT-Gruppe festgestellt werden, in der Kontrollgruppe jedoch nicht. Dadurch fühlten sich 20 % der MKT-Patienten nach 12 Monaten nach Abschluss des MKT gesundheitlich viel besser, 33 % etwas besser und 37 % etwa gleich. In der Kontrollgruppe blieb der Zustand bei 55% etwa gleich, verbesserte sich bei 21% und verschlechterte sich bei 24%.

Durch den Fragebogen Hannover konnte festgestellt werden, dass sich die Funktionskapazität verbessern konnte ($+ 9,7 \pm 15,3$ Punkte).

Des Weiteren konnte die Häufigkeit von Rückenschmerztagen in der MKT-Gruppe verringert werden (von $21,6 \pm 8,4$ auf $13,1 \pm 10,5$). Außerdem hatten 36,5 % der MKT-Gruppe keine Einschränkungen in ihrer Arbeitsfähigkeit. Dieser Wert verbesserte sich nach 12 Monaten der MKT auf 56,9 %. Insgesamt konnte durch die Studie gezeigt werden, dass durch die Stärkung der lumbalen Rückenmuskulatur, die Schmerzen reduziert werden konnten. Durch den Rückgang der Rückenschmerztage, konnte zudem die Arbeitsunfähigkeitstage verringert werden, zudem wurden die medizinischen Leistungen und die Inanspruchnahme von Heilmitteln und Medikamenten verringert. Dies hat sich somit auch auf die Reduzierung der Krankheitskosten ausgewirkt.

6   Literaturverzeichnis

Bompa, T. O. & Carrera, M. C. (2005). Periodization training for sports. Science-based strength and conditioning plans for 20 sports (2. ed.). Champaign, IL: Human Kinetics.

Delavier, F. (2003). Muskel Guide speziell für Frauen. Gezieltes Training Anatomie. München: BLV Verlagsgesellschaft mbH

Eifler, C. (2013). Empirische Überprüfung der Effekte verschiedener Ansätze zur Intensitätssteuerung im fitnessorientierten Krafttraining. Dissertation, Universität des Saarlandes. Saarbrücken

Eifler, C. (2020). Studienbrief Trainingslehre I – Gesundheitsorientiertes Krafttraining (rev.23.038.000). Saarbrücken: Deutsche Hochschule für Prävention und Gesundheitsmanagement.

Friedmann, B. (2007). Neuere Entwicklungen im Krafttraining. Muskuläre Anpassungen bei verschiedenen Krafttrainingsmethoden. Deutsche Zeitschrift für Sporme dizin, 58 (1), 12-18.

Fröhlich, M. & Schmidtbleicher, D. (2008). Trainingshäufigkeit im Krafttraining - ein metaanalytischer Zugang. Deutsche Zeitschrift für Sportmedizin

Gehrke T. (1999). Sport Anatomie (8.Aufl.). Hamburg: Rohwohlt Taschenbuch Verlag Gmbh

Moritani, T. (1994). Die zeitliche Abfolge der Trainingsanpassungen im Verlaufe eines Krafttrainings. In P. V. Komi (Hrsg.), Kraft und Schnellkraft im Sport (S. 266-276). Köln: Deutscher Ärzte-Verlag.

Peters W. (2008). Bewegungslehre, Sportpsychologie. Stark Verlagsgesellschaft: Freising

Peters W. (2012). Trainingslehre. Stark Verlagsgesellschaft: Freising

Schnabel, G., Harre, D. & Borde, A. (Hrsg.). (1997). Trainingswissenschaft. Leistung – Training – Wettkampf. Die Studienausgabe: SVB Sportverlag Berlin GmbH.

Strack, A. & Eifler, C. (2005). The individual lifting performance method (ILP). A practical method for fitness- and recreational strength training. In J. Gießing, Fröhlich & P. Preuss (eds.), Current results of strength training research (pp. 153-163). Göttingen: Cuvillier.

7   Abbildungs- und Tabellenverzeichnis

7.1   Abbildungsverzeichnis

7.2   Tabellenverzeichnis